T0126680

© *encre marine 1994*

ISBN 2-909422-09-7

partie réservée
à la correspondance

Du même auteur

Le Désir et le Temps,
PUF, 1971.
Vrin, 1992, (2° éd.).

Aliénation et liberté,
Masson, 1972, épuisé.

L'expérience de la pensée dans la philosophie de Descartes,
Vrin, 1978.

L'Art ou la feinte passion, Essai sur l'expérience esthétique,
PUF, 1984.

Introducción a la filosofía de la historia de K. Marx,
Dossat, Madrid, 1986.

Six études sur la volonté et la liberté chez Descartes,
Vrin, 1988.

Descartes. La Morale, Présentation et choix de textes,
Vrin, 1992.

Ontologie du temps, L'attente et la rupture,
PUF, 1993.

La Jalousie, Etude sur l'imaginaire proustien,
Actes Sud, 1993.

L'ardent sanglot, cinq études sur l'art,
Encre Marine, 1994.

nicolas grimaldi

partie réservée
à la correspondance

encre marine

Dans sa *Tentation de saint Antoine* Cézanne relègue dans un coin de toile, au fond de la scène envahie de femmes nues, la brune silhouette de l'ermite. Le Greco avait ainsi rencoigné la scène de l'exécution dans son *Martyre de saint Maurice*. Ils expriment tout simplement ainsi que ce qu'il y avait à voir dans la vie est toujours le plus imperceptible. Les grandes aventures sont presque invisibles. La vie est digressive. Par rapport à ce dont il est question dans l'existence, tout y est presque toujours hors sujet. C'est ainsi qu'en cachant le sujet de leurs tableaux le Greco ou Cézanne donnaient à voir la vie.

Sanfermines. Juillet 1975

Quelque chose en notre langue m'irrite : c'est d'avoir à quels boutiquiers réglant le temps sur leur digestion laissé nommer *après-midi* le pur moment où s'inaugure le triomphe du jour : *la tarde*. Qui a jamais entendu après celui de midi l'Angelus du soir sait bien que le matin n'est que l'avant-*tarde*. Qui vint jamais à cinq heures, dans la cohue, sous les platanes, vers les arènes fleuries, sait bien que le matin n'est que l'Avent de la *tarde*. D'ailleurs, s'il est bien vrai, selon la patience des horloges, que la *tarde* commence après midi, rien pourtant ne commence qu'après la *tarde*, lorsque le soir nonchalamment s'installe et récuse toute nuit comme fait un soir de victoire. Dans l'odeur de girofle des œillets piétinés et parmi les rumeurs de la ville et ses liesses, vient comme une fraîcheur ce qui seulement commence : une gratitude, une ferveur, le pressentiment de la vraie vie, et le secret des serments.

Hier, à la *tarde,* dès que le premier Miura eut bondi dans l'anneau de lumière, sur tous les gradins les spectateurs se dressèrent et l'accueillirent d'une longue ovation, grave, reconnaissante, et recueillie. Le taureau avait jailli de la nuit caverneuse des *chiqueros.* Atteint des frondes du soleil, aussitôt il s'arrêta, se cambra sur la houle de son garrot, regarda à droite et à gauche, puis se retourna, immobile, la tête haute, ses cornes dardant le ciel comme des lances. Un ruisseau de frissons dévalait sa robe noire. Au loin, dans le papillotement de l'ombre, deux obsessions roses le lancinaient. Lorsqu'il s'élança pour dissiper le tourment de cet obstiné et indolent défi, des ravines de son cou vola une poussière de son. Elle lui faisait autour de la tête un remous de soleil, ainsi que les peintres du Quattrocento nimbaient le boeuf et l'âne dans leurs Nativités. Comme le dernier vêtement quitté avant le sacrifice, comme le dernier don dépouillé avant les vœux ultimes, comme la dernière main tenue dans le dernier adieu lâchée, cette avoine andalouse l'avait accompagné jusqu'ici. Prise jusqu'aux plis de son corps, elle l'étreignait encore. Tout quitté, elle aussi le quittait, cette balle envolée : que n'allait-il falloir quitter encore ?

De taureaux comme celui-ci, rien que la fable jusqu'alors avait composé le mythe. Deux jours auparavant, mardi, travestissant de pervenche et d'or sa frayeur et son courage, Julio Roblès n'avait pu venir à bout du dernier Pabloromero. Percé de trois épées, ayant reçu derrière son diadème frisé où le sang mettait des boucles rouges huit poignards tant maladroits qu'injustes, le taureau resta seul dans le vaste silence de l'arène humiliée, bouche close, tête dressée. Puis il rentra dans la touffeur de l'ombre comme il en était sorti, en un noir éclair.

Saint Sébastien - 10 août 1970

J'aurais voulu que mes yeux fussent un tabernacle. Ordoñez, framboise et or avait reçu un magnifique taureau noir et blanc de Benitez Cubero, aux cornes larges et pointées vers l'avant, au frontal frisé, aux yeux doux, très brave, très vif, très ardent. Après d'indolentes séries de naturelles, précises, longues et envoûtantes, le taureau fut mis en confiance. Alors Ordoñez à pas lents, bras grands ouverts, le suscita, l'invita. Il lui parlait ; et lorsque le taureau chargeait, il le guidait de sa flanelle rouge avec une impérieuse douceur, suavement, avec une tendresse gaie ; et, immobile, il lui souriait. Ils embarquaient ensemble en un pas interminable de valse. Le taureau s'enroulait, cherchant des cornes ce fruit captif qui se promettait sans cesse, si proche, et tout proche se dérobait. Ordoñez le laissait reposer et le reprenait en des passes amples, molles, lé-

19

gères, infaillibles et câlines. De bonheur, il rendit ce taureau ivre. Vingt fois il aurait pu le tuer. Mais chaque fois, sentant le désir qu'avait le taureau de perpétuer cette mortelle élégie, il lui versait un peu plus longuement ce philtre d'impatience et de déception, jusqu'à ce que le taureau ne désirât plus rien. D'une lame à peine un peu tombée, il coucha le taureau à ses pieds, mort de bonheur.

Il y avait aujourd'hui une autre corrida. Nous sommes en deuil de ce taureau : nous n'y sommes pas allés. C'est un deuil sans tristesse. Rien que ce dédain de vivre encore, qui est le goût de la perfection.

15 août 1975

Comment ? On prend la Bastille, tu le sais, et tu n'y vas pas voir ? L'histoire aujourd'hui défile dans ta rue, et tu n'ouvres pas même ta fenêtre ? Non. Car si j'avais vu la foule s'engouffrer sous la poterne et pousser dehors le marquis de Launay à coups de poing et de crosses, je n'eusse pas su qu'alors tombait la monarchie. L'eussé-je même su que cela ne m'eut pas intéressé davantage que le médecin de savoir quelle pierre fit trébucher son malade et occasionna sa fracture. D'ailleurs, qui sait jamais si le tintamarre dont s'enfièvre la rue accompagne l'histoire ou bien le carnaval ? L'histoire, selon ce que je crois, passe à pas furtifs. Elle est déjà passée quand tintinnabulent les événements.

Ou bien... Ou bien l'histoire ne passe ni ne défile. Le monstrueux enfant secoue son gobelet et jette ses dés. Parfois il les reprend et les rejette ; et parfois il les abandonne. Lisbonne n'est qu'à cinq heures de voiture. Que verrais-je à Lisbonne, hors les terrasses des cafés, le pullulement de la rue, la foisonnante et bruyante vitalité des villes maritimes ? Ce qui se passait aujourd'hui et qu'on ne verra pas deux fois, c'était peut-être le doux mouvement de poignet de Pedro Moya déployant lentement la corolle de sa muleta et halant, derrière cette voile rouge, le noir tumulte de son sillage.

Corrida de bienfaisance à Saint-Sébastien. Aparicio, Litri, Ordoñez.

L'extraordinaire générosité, le don suprêmement gracieux, la libéralité, la largesse, la prodigalité, ce n'est pas de donner son temps, ni de se déranger, venant de loin, délaissant amis, famille, affaires, ni même d'accepter de défiler en bottes andalouses dans le même sable où on avait défilé en bas de soie rose et en escarpins vingt ans plus tôt ; — c'est, à cinquante ans, et pour rien, gardant le souvenir de leur grandeur, de leur génie, de leur abnégation, et par ce souvenir même convoqués, de consentir à être sifflé.

Aparicio fut sifflé.

De Litri je ne connaissais que les photographies d'un jeune homme maigre, faisant passer le taureau dans des passes hautes, le bras levé, et le regard perdu dans les gradins. Je vis un quinquagénaire enjoué, joufflu, ventru, fessu, serré dans son boléro noir, et gêné dans ses bottines. On eut dit d'un notaire, d'un médecin bronzé, d'un avocat d'affaires, assuré, confiant, rebondi, l'oeil facétieux et la lèvre gourmande. Lorsqu'il sortit du burladero, on revit le jeune homme, le novillero intrépide et dégingandé des années cinquante. Après avoir discipliné le taureau par quelques passes autoritaires il s'en éloigna de tout le diamètre de l'arène. Là, il fixa son attention en agitant doucement sa flanelle de vermillon. Puis il s'immobilisa absolument, attendant la charge. Alors, comme pour se délivrer d'une obsession ou pour chasser un doute aussi agaçants que des mouches, le taureau secoua la tête, puis amorça vers lui quelques pas hésitants. Soudain, baissant les cornes, il prit sa course et bondit, fusant d'un tourbillon de poussière. Sur le point d'être atteint le torero ouvrit sa muleta et le taureau s'engouffra dans le remous de l'étoffe. Lorsqu'il se retourna, Litri se trouvait à l'autre extrémité de l'arène, agitant doucement son drapelet, comme une branche dans le vent. De nouveau, le taureau chargea cette statue fragile. De nouveau, croyant l'atteindre, s'ouvrit devant lui la voile hâtive et fuyarde qui le défiait. D'un coup de corne il voulut couper sa fuite. Elle s'était envolée. A l'autre bout, là-bas, dans la lumière, elle l'appelait. Quatre fois Litri suscita et détourna ainsi, d'un simple mouvement du poignet, la charge du taureau. Ressuscitant la manière de ses vingt ans, il le rons le maigre alguazil à visage du Greco franchir le pont du Kursaal et prendre le chemin des arènes, en chemise bleue, avant de revêtir sa tenue de velours noir, ses bottes de caoutchouc, et sa grande fraise empesée, si sale et si presque blanche. Aux ouvertures mauresques ornées de faïences bleues, aux pierres de granit rose, aux vieux qui s'asseyaient sur la margelle des arènes sans y entrer, rien que pour en recueillir la rituelle agitation, la rumeur, les odeurs, les bravos, les cris et la musique, la sortie mélancoliquement élégante et lente des femmes fleuries ; au dernier soleil qui au dernier taureau enfièvre encore les céramiques mordorées des galeries, aux tentures grenat et aux planches grises de la présidence, comme à ceux qui vont mourir nous allons dire adieu.

8 janvier 1994. Il y aura, en effet, bientôt vingt-cinq ans qu'il n'y a plus d'arènes à Saint-Sébastien. Elles avaient cent ans. Le bail de cent ans moins un jour qui avait été signé venait à expiration. Une société immobilière rasa le tout. C'est désormais un nouveau quartier d'immeubles de luxe. Où ils garent leur voiture, qui se souvient que c'est là que fut accroché Ortega, que mourut Pita ?

Saint Sébastien, Dimanche 2 septembre 1971, Ultime corrida.

Pour la dernière fois aujourd'hui les vieilles bouquetières monteront le haut escalier des arènes, leur grand panier d'osier clair au bras, tout plein d'oeillets. Nous passerons une dernière fois les portes de bois dont tant d'années avaient blanchi l'écarlate. Je veux me rappeler, à l'ouverture du toril, l'exubérante, l'exquise et sordide juxtaposition que font l'indigo criard du *callejón* et le vermillon jauni, fané, flétri, des *tablas*. Au pied des *barreras*, le mur était flagellé de bleus divers et violents comme ces quais où s'appuient à marée basse les bateaux qu'on repeint et sur lesquels les pêcheurs essaient et essuient leurs pinceaux. Sur la porte du toril, on aperçoit les divers rouges dont on a successivement, une année après l'autre, rafraîchi les madriers. Le soleil, la pluie, le vent chargé d'embruns, et cette grande solitude, ont fait le reste. Pour la dernière fois nous ver-

fit ensuite passer en des banderas, les yeux fixés sur les gradins. Comme naguère. Et comme naguère les bravos éclatèrent, palpitants comme les battements d'ailes de colombes captives.

Tauromachie

Cette présence à chaque instant lucide de la mort, dont rien ne nous sépare que la hautaine indolence d'une percale rose. Leur costume goyesque, cette livrée de dérision, me paraît comme l'incognito du sacrifice : d'autant plus poignant. D'autant plus simples qu'ils sont plus apprêtés, d'autant plus solitaires et démunis de tout qu'ils semblent couverts d'or au milieu de la foule.

Spadassins de la beauté vêtus en histrions, ils sont vraiment, quoique riches, les frères de ces belluaires de la vérité que je connais, vêtus en petits pions : suprême dandysme !

Sanfermines 1972

Ainsi qu'au petit matin, après le bal, on se dé-
pouille des travestis, Pampelune a dévêtu sa fête. Dans
l'aube molle et mauve les arroseuses municipales ont
noyé les bagues rouge et or des cigares consumés, les
billets de tombola, la cellophane des amandes, et les
œillets fanés qu'à l'entrée des arènes, dans l'ombre des
platanes, des gitanes parfumées vendaient dans des cor-
beilles. Livrés au ballon des enfants que gardent à nouveau des nourrices en dentelles, les kiosques à musique
maintenant inutiles s'ennuient au milieu des esplana-
des. Sur la Plaza del Castillo les garçons de café oisifs
font la conversation, sous les arcades, avec les cireurs de
chaussures inoccupés. Au pied de la citadelle, la grande
roue et le hurlement de ses nacelles, les voitures tam-
ponneuses sur les chromes desquelles les lumières s'ef-
filaient et se tordaient en nouilles éblouissantes, les

stands de tir où les plombs crépitaient sur la tôle, la femme sans corps, la femme poisson, la femme la plus grosse du monde, la naine aux quatre seins, et la jeune fille à demi vêtue de paillettes, en bottes vertes et tenant un fouet, qui affrontait des gorilles, — toute la foire s'en est allée. Les andalous qui avaient installé leurs étals sur les ramblas et qui offraient à la convoitise des enfants et des ivrognes des trompettes à pompons, des sifflets géants, des boîtes qui meuglent quand on tire la ficelle et d'autres qui bêlent lorsqu'on les retourne, des araignées au bout d'un fil pour faire crier les filles et des serpents en caoutchouc pour effrayer les grand-mères, des bérets larges comme des parasols de plage, de gigantesques chapeaux de paille mexicains, un système pour faire des bulles de savon où un Murillo en bretelles soufflait à longueur de journée, dans leurs voitures américaines surmontées de baluchons et de ballots les forains sont repartis vers d'autres villes, d'autres avenues, d'autres fêtes, — pour eux toujours la même. Celle de Valence commence demain.

Le sept juillet moussait sur la Navarre la lumière fraîche et blonde de Tiepolo. Les géants de carton verni étaient rangés devant le couvent des sœurs de Sainte-Thérèse. Les *cabezudos* pourchassaient à coups de vessie une foule rouge et blanche d'enfants, en attendant que sortît de l'église San Lorenzo la procession conduite par

des hallebardiers en perruque. A toutes les fenêtres, entre les armoiries, des nonnes à voiles noirs se penchaient pour voir courir les masques et se balancer au bout de la rue le dais cramoisi de l'archevêque.

Jamais comme cette année les taureaux ne furent ni si braves, ni aussi souvent nobles, ni d'autant d'âge ni de poids. Les plus nobles furent les Pablo Romero du second jour et les Cesar Moreno du dernier ; les plus faciles les Arranz du onze. Le premier des Miura eut un tour d'honneur. Le premier jour, malgré l'extraordinaire défilé de six cuadrillas et la présence du vieux Marcial Lalanda derrière le velours grenat et les tentures brodées de la présidence, hors quelques jolies véroniques que Paco Camino faisait éclore sous la charge du taureau, nous ne vîmes rien.

Les trois jours suivants, nous grelottâmes. Le vent qui venait de Galice recroquevillait les spectateurs et rendait l'arène périlleuse. Les garçons d'épée avaient beau verser l'eau de leurs jarres sur les capes et les muletas, le vent menait la course comme des régates.

D'un tabloncillo non loin de la présidence, Ordoñez en pantalon pastel et chemise fleurie, suivait les combats avec une attention soucieuse.

L'étonnant, ce fut Dámaso Gonzalez, sable et or, que nous vîmes trois après-midi car il remplaça Palomo Linares. Avec sa petite taille, ses cheveux plantés bas, ses yeux qui charbonnent enfoncés dans les orbites, son pâle visage émacié, on eut dit d'un séminariste ayant quitté ses exercices ascétiques pour revêtir son habit de lumière. Sans nulle hésitation, sans jamais le moindre retrait, sans jamais rompre, passe après passe, il arracha de chaque taureau, s'exposant chaque fois davantage avec une lucidité infaillible, cette furieuse docilité à poursuivre l'agaçante et toujours vaine promesse.

Et ce sourire triste dans le triomphe de ceux pour qui tous ces mouchoirs agités sont déjà les mouchoirs de l'adieu.

Pampelune. Juillet 1973

Comme j'ai aimé cette ville qui se mobilisait pour la fête comme pour une guerre, sans un seul instant ni une seule énergie qui n'y fussent appliqués : les hommes tous en blanc, foulard et ceinture rouges, sous l'uniforme de la joie, défilant, dansant, chantant, buvant, sautant, sans nulle cesse ! Et comme une ville assiégée sacrifierait ses ultimes ressources, dépenserait ses dernières provisions, chaque vitrine, chaque fenêtre, chaque embrasure, chaque porte s'encombraient de victuailles, d'outres noircies par la graisse et le temps, de pyramides de conserves archaïques (représentant le port de Cadix sous des guirlandes de roses, des gitanes, des toreros, des pécheurs), de gâteaux à l'huile et au miel. Partout rôdait dans la fraîcheur des rues étroites une odeur d'ail frit et de beignet. A cet entêtement dans la fête, à cette application et cette opiniâtreté dans la gaieté, je reconnaissais les signes fraternels d'une irrémittente tristesse.

Mais j'ai fui, cette année, cette liesse institutionnelle, cette allégresse ostentatoire d'une foule dont la gaieté devient plus factice depuis que sa tristesse est devenue moins profonde. Un pays où chaque maison a la télévision et où la jeunesse espère s'enrichir n'a plus de tristesse. Il n'y avait naguère que ces huit jours de fête pour croire que la vie pourrait être faite ainsi d'imprévisibles et aventureuses rencontres, d'exubérante spontanéité et d'abondance, un grand destin se jouant chaque après-midi dans l'arène comme dans la bataille d'une journée historique. A chaque instant pendant huit jours un autre instant était à attendre. Puis venait le 14 juillet. La ville se vidait. On balayait les confettis. On arrachait les affiches. Sur la Plaza del Castillo, à l'ombre des arcades, les fauteuils d'osier restaient vides jusqu'au soir. Les blés finissaient de jaunir tout autour des remparts. Le silence était rentré dans la ville. Pendant trois cent cinquante huit jours plus rien n'était à attendre. En plein été, c'était déjà l'hiver.

Avila.

C'est aujourd'hui fête du Corpus Christi. Des balcons pendent des tentures or et grenat. Les gardes de la mairie ont des casques d'argent à visière de cuivre et à plumes d'autruche. Comme dans la famille de Carlos IV, les enfants portent des costumes d'amiraux et des souliers vernis sur leurs bas blancs. Un régiment de mitrailleurs, au pas de l'oie et tête nue, défile dans la ville, faisant escorte au Saint Sacrement. Le tambour arabe bat implacablement une marche au supplice. Le corps des officiers, d'un pas désinvolte et dégingandé, le clergé trottinant dans ses chapes, les échevins en jaquette, suivent ce convoi qu'à chaque arrêt la foule couvre de pétales de roses.

Comme les rues avaient été jonchées de thym en fleurs violettes, chaque pas qui les écrasait mêlait aux bouffées de l'encens une odeur verte de forêt.

Le premier bruit dans le matin bleu, ce sont les ânes, dont le grêle et opiniâtre sabot cliquette sur les pavés. Mais ici ce n'est pas la culture qu'ils apportent ; c'est le lait, dans de magnifiques jarres d'étain qui débordent des verts couffins d'alfa.

Le parvis de la cathédrale de Ségovie est pavé des pierres tombales de ses évêques, abbés, chanoines. Les pas en ont usé les armoiries. Dans le chœur, le chapitre chantait l'office, en chapes d'or, soutanes noires et surplis blancs. Au milieu, face à l'autel, une nonne disposait des fleurs sur une sorte de char contourné, bombé, plein de goitres dorés, de boursouflures argentées, de scintillantes enflures. Cette charrette de marchande de glaces, c'était pour promener le Saint Sacrement, le lendemain, à la fête du Corpus Christi.

*

Santo Domingo de la Calzada. Le bel uniforme blanc des cathédrales autrichiennes, avec ses passementeries, ses buffleteries de marbre, ses croix, ses sautoirs, qu'est-il devenu dans l'ocre calcaire castillan ? Auprès de la cathédrale avec ses hautes portes de chataignier et ses grilles forgées, le courtisan XVIIIᵉ siècle a dressé ce haut clocher viennois, percé, orné, décoré. Entre les deux passe la rue.

Du temps des pèlerins, une servante éconduite par son amoureux de dépit résolut de le perdre. Elle dissimula des vases d'or dans ses chausses, et le fit pendre. Passe le père ; il reconnaît son fils au gibet ; le cadavre lui parle. Le malheureux demande justice, porte ses plaintes à l'évêque, qui lui promet de le croire si le chapon qui lui était servi ressuscitait. Et aussitôt la volaille de battre des ailes. Depuis, dans une chapelle du transept, dans une cage passée à la chaux, un coq tout blanc est nourri dans la cathédrale. Comme j'entrai, il se mit à s'égosiller dans les ors de sa paille et la lumière des cierges.

*

Les Gredos. Le soir. Les ombres naissent, s'allongent, et dévalent, comme les torrents au printemps. Tout en devient plus beau. Des vallons, des ondulations, des plateaux, des fractures, tout un paysage naît, qu'on ne soupçonnait pas. Des distances se creusent. Des intervalles font soupçonner des délais. Le temps fait intrusion dans l'espace. Mais c'est le temps qui montre l'espace.

la rue de la Merced les vitrines allumées des boutiques fermées, et le pas nonchalant des familles dont la curiosité patiemment butine de l'une à l'autre. Après la corrida, dans la nuit tombée, des tables seront traînées dans les ruelles, parmi les vapeurs d'huile brûlée et les odeurs de cellier. Buvant et mangeant, des groupes y chanteront. Et sur la place de l'Espolón, le nasillement des flûtes parfois interrompu par le fracas des jets d'eau, des groupes aragonais en velours noir et en bas blancs danseront de cérémonieuses jotas.

Mais quelle impatience ai-je donc de voir ce que j'ai tant de fois déjà vu ? Quelle joie avais-je, enfant, de descendre au village, le dimanche, de voir les mêmes gens se rendre aux mêmes places, chanter les mêmes cantiques dans les ors et les boiseries noires de la même grand-messe ? Tout alors aussi était toujours pareil. Peut-être ce qui m'émeut tant est-il seulement de vérifier ce tenace triomphe de la vie sur la mort qu'est l'éternel retour, et que ce qui finit recommence. Ainsi chaque matin le soleil revenu me délivre d'un doute qui me prend chaque soir.

24 septembre 1971

Aujourd'hui, je vais partir. Non vers quelque pays inconnu, vers aucune ville nouvelle, mais pour cette foule heureuse, bruyante et lente où des enfants gominés, en bas blancs et souliers vernis, battront des mains au passage des fanfares à blouses roses et blouses jaunes. Que vais-je voir à Logroño dont déjà ma mémoire ne soit comble ? Ma joie n'est-elle que de fuir ma table de travail ? Espéré-je rien de nouveau en ces fêtes traditionnelles ? Il me semble même que je serais presque déçu du moindre étonnement. Ne connais-je pas déjà ces longs cafés profonds enfouissant leurs miroirs, leurs banquettes et leurs arabesques de néon sous les étroites et hautes maisons noires, cette rumeur autour des petites tables pressées sous les arcades, cette odeur de cigare, et ce goût âcre et sirupeux des cafés balancés au-dessus des têtes sur des plateaux d'étain ? Je vois dans

Autre que l'espace indifférencié et simultané de la géométrie, voici l'espace successif et rythmé des chemins, des vallées, des villages, d'où les ombres font retraite de l'Occident vers l'Orient, et qu'elles reconquièrent au soir à partir du couchant.

1ᵉʳ septembre.

Voici le plus beau moment de l'année. La marée est au plus haut, appuyant contre les digues son gros flanc qui lourdement palpite. Dans la fraîcheur allègre des matins, les montagnes sont encore embuées d'un trop plein de soleil, et les fils de la Vierge luisent entre les fleurs repeintes par la nuit. L'herbe verte est moins verte. Les tamaris tissent entre les noirs fusains des brumes de verdure à la Watteau. Grasses et lasses, les roses se prélassent et foisonnent. Une lumière dorée, lente et tranquille, pose sur les choses une antique et grave simplicité. Voici l'âge d'or, après les vulgaires frénésies de l'été et avant les chasses fureteuses, les affûts indiscrets, et l'industrieuse mutilation des vendanges. Voici le moment bienheureux des Panathénées : l'écume danse et court debout sur les vagues, au son aigre des txistus sur les frontons.

La tempête a cessé. De toutes parts, le ciel fissuré se défait en gravats. Le soleil a déjà reconquis toute la mer qui rampe, frissonneuse et soumise, lacérée par les noirs rochers. Tout à l'heure, traversant le jardin, las de moi, encore oppressé de tâches inaccomplies, le vent m'a pris. Et j'ai tout aussitôt senti, comme si j'avais été déchargé de quelque fardeau, comme la surprenante et allègre légèreté de retrouver l'intègre solitude, comme si j'avais été dévêtu de fantasmes pesants : la nudité du bonheur.

19 août 1972

Comme sur ces très vieilles cartes postales où les plans s'engrisaillent et semblent menacés d'une invincible brume, voici qu'apparaissent au fond de la baie de Saint-Jean-de-Luz les dentelures de ses toits, la tranquille silhouette de son église si basse, avec sa houppelande de tuiles fanées, et quelques bosquets comme des îles sur la houle mauve des lointaines collines.

Sous la chape énormément feutrée de la mer, derrière les digues, j'entends battre et peiner le gros coeur inquiet d'un cargo noir qui quitte son mouillage. De cette buée mousseuse déjà toute dorée je sais que va maintenant sortir le vieux, l'immuable paysage que j'aime. Après huit jours de pluie obstinée, ce lent lever du jour est comme le bonheur d'une réminiscence : l'émersion d'une tendresse plus forte que l'oubli, que la mort, que le temps, et qui revient toujours identique quand on se désespérait de la croire perdue.

Donnez-moi chaque jour ce lever du jour sur la baie comme l'exquise promesse d'un bonheur que je ne vous demande pas, mon Dieu. Car je sais que c'est le vrai bonheur, et je ne vous en demande pas d'autre. L'enfance, qui était l'attente du bonheur, fut le bonheur. Cette brume d'été où le soleil s'annonce comme au loin un cavalier dans la poussière de son galop, que le soleil soit lent à la dissiper ! Cavalier, garde-moi cette poussière au loin, et ne te hâte pas.

J'ai voulu noter, ce matin, cet étranglement de bonheur qui m'a saisi dès que j'ouvris ma fenêtre. Rien d'exceptionnel. Mais précisément le prodigieux retour après la pluie de cette banalité que j'aime, comme une vieille nourrice, avec son grand tablier bleu tout rapiécé de nuages.

Saint-Sebastien, 1966.

Ni bar, ni café, ni bistrot, ni restaurant, il y avait dans la vieille ville, presque en face de l'église churiguerresque de Santa María qui surplombait le port, un très long couloir où les fumées faisaient une sorte de brume invincible et mouvante. Autour des rares ampoules nues qui tombaient du plafond un épais halo brassait la lumière comme une pâte. Le plafond avait été blanc. Les vapeurs d'huile et la fumée des cigares l'avaient caramélisé. On l'aurait cru enduit de cire. Sur un long comptoir papillotaient et circulaient des douzaines de petits verres courtauds, très larges et très bas. S'affairant autant que si chacune avait eu six paires de bras, trois duègnes livides, aux lèvres pincées, vêtues de noir, les remplissaient en tirant sans cesse des six outres énormes soutenues en l'air par des cordages et des poulies de bateau un filet de vin ambré ou carminé qui tombait dans les vers avec un bouillonnement de cascade. Alignés comme un régiment pour la parade, avec leur uniforme brun à peine soutaché parfois d'une buffleterie blanche, une soixantaine de jambons d'Extrèmadoure étaient suspendus aux solives du plafond où ils finissaient de sécher. De petits cônes de carton en recueillaient le suc. Tout le monde venait là, de toutes les parties de la ville, de toutes conditions, mêlant sa voix au vacarme général, sans paraître même le remarquer : la Casa Alcalde était une institution.

Passé au rouge charron comme les lambris, un banc était scellé dans le mur. Au-dessus avaient été fixées d'anciennes affiches de corridas, comme des icônes. Presque personne ne les regardait. Comme elles avaient toujours été là, on ne les voyait plus. Je les aimais. Les toreros dont elles annonçaient la présentation étaient morts depuis bien des années. Ces ganaderias avaient disparu. Les roses trémières qui s'enguirlandaient autour du panorama de Saint-Sébastien évoquaient la douceur d'un temps où il n'y avait ni touristes, ni voitures, ni buildings. Le papier en était si jauni qu'il en était brun ; et moins de tant de temps qui avait passé que de tant de cigares dont la fumée s'y était déposée. Elles me semblaient brunies aussi d'avoir survécu à tant de petites joies, tant de petits bonheurs dont elles avaient été l'ordinaire témoin : corridas, cigares, toutes ces drues nourritures, et cette toute simple camaraderie aussi complice qu'une amitié. Certes, elles sont toujours là, ces sempiternelles andalouses avec leurs robes à volants, la lyre de leurs bras levés, le blond cimier de leur peigne, et leurs hanches serpentines. Mais à tant de dentelles cette patine ajoute comme un voile de deuil. Elles m'émeuvent sur moi-même, qui viens à mon tour chercher sur ces mêmes bancs ma gamelle de bonheur.

Ces vieilles affiches naguère si dérisoires, ne se sont-elles brunies comme ces miroirs qui paraissent usés d'avoir tant servi, et qui se sont ternis d'en avoir tant vu ? Vieux miroirs du bonheur, elles ont la patine de leur grande et pathétique sagesse : car du bonheur, elles ont presque tout vu, et savent en effet presque tout. Et d'abord que c'était le bonheur, qu'il n'y en a presque pas d'autre, — et qu'on ne s'en doute jamais.

De quelle tenace fureur a-t-elle durant ces trois jours lacéré la falaise !

La rage courait en frissons sur sa robe. Bondissant, bavant, se lovant, hurlant, s'élançant et se déchirant elle-même aux lames des rochers, elle courait partout, sautant les digues, s'irritant aux brisants, mordant la côte comme une cage.

Et ce matin, ayant tout oublié, la voici pelotonnée, ronronnant à marée haute et faisant le gros dos.

Comme les troupeaux au soir fourbus, la voici qui rentre avec le reflux, dans le doux crépitement de son piétinement pressé, accrochant aux épines de la houle quelques lambeaux de laine.

1972

Ni l'exercice de haute école des touradas, ni la démonstration de force et d'agilité des forcados, ne peuvent donner l'imagination de ce que la langue espagnole nomme superbement "l'illusion" tauromachique. Mon rêve (car c'est un rêve) y perpétue le mythe hautain de la solitude : le point d'honneur, la gratuité, le dédain de la vie, et l'esthétique de l'instant. Mais alors que naguère les gradins des arènes comme les bancs des églises accueillaient des âmes solitaires et sédentaires, ce sont désormais des foules nomades qui viennent assister à cette liturgie comme à un grimoire de signes qu'elles ne peuvent déchiffrer.

Qui sait encore, dans quelle église, que Violaine n'est pas un personnage de théâtre, mais l'âme de chaque voisine agenouillée sur la dalle ? Violaine devenue sujet de littérature, c'est la foi devenue objet d'ethnologie. Bref, ils n'y croient plus. De même, qui éprouve encore sur les gradins, que cet homme de soie et d'or qui s'est vêtu pour la mort comme une mariée pour l'autel, défiant ce noir météore de sa percale rose, vient nous régénérer en témoignant de ce que la beauté est plus que la vie puisque la mort est moins que la beauté ?

Comme le sacrifice de chaque messe perpétue l'attestation que l'amour est plus que la vie, chaque corrida atteste qu'il y a plus que la vie : c'est la beauté. A la liturgie sacrée correspond une liturgie profane, qui est aussi celle de l'honneur. Car l'honneur nous inspire que le résultat n'est jamais ce qui importe, mais seulement d'avoir agi selon la règle, c'est-à-dire d'avoir soumis la vie à autre chose que la vie. C'est pourquoi les règles sont si strictes en tauromachie.

Pour expliquer la fascination qu'exerce sur moi ce rite anachronique, stérile, injuste, obscurantiste et païen, il me faut bien avouer que c'est le dépit que j'ai contre ce temps qui me fait célébrer les vertus qu'il n'a pas par l'éloge d'un rite qui les exige.

Comme chaque matin, je suis allé jeter dans la pelouse, devant le mur blanchi de chaux où rampent des rosiers, la provision de pain menu que nous réservons pour les oiseaux. Lorsque je m'en fus éloigné assez pour n'avoir pas à craindre de les effaroucher je restai quelque temps à guetter leur venue. Dans les tamarix et les cèdres voisins, je les entendais piailler ; mais je n'en voyais aucun ; et la pâle galaxie de miettes blanches restait dans ce bout de ciel vert comme d'inutiles étoiles dans un d'univers d'aveugles. Je renonçai à attendre, et rentrai. Quelques instants plus tard je vis, par la fenêtre, un moineau s'approcher, picorer, s'envoler, revenir, puis un autre, puis trois, puis dix, puis vingt. Et cette compagnie tardivement mais frénétiquement vorace me donna, comme la fin d'une angoisse, le pressentiment de la joie. Tant lassé qu'on puisse être d'attendre, il est pourtant possible que viennent encore sur ces miettes que j'ai jetées picorer, si tardivement soit-il, de voraces lecteurs. "C'est vous, mon prince ? Vous vous êtes fait bien longtemps attendre."

Mais ne peut-on imaginer, au bout de ces cent ans de somnolente attente, la belle renvoyant le prince ? "C'est vous, mon prince ? J'ai pris, en cent ans, l'habitude d'être seule. Maintenant, rien qu'une visite, même un bonjour me fatiguent. Vous êtes venu trop tard."